AF590234

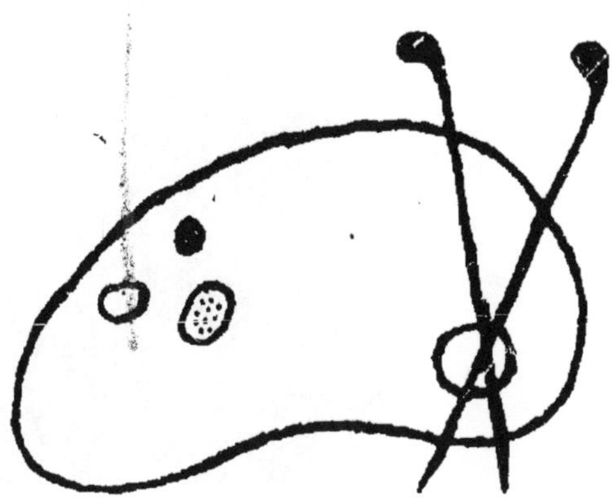

Ge
F 4.296

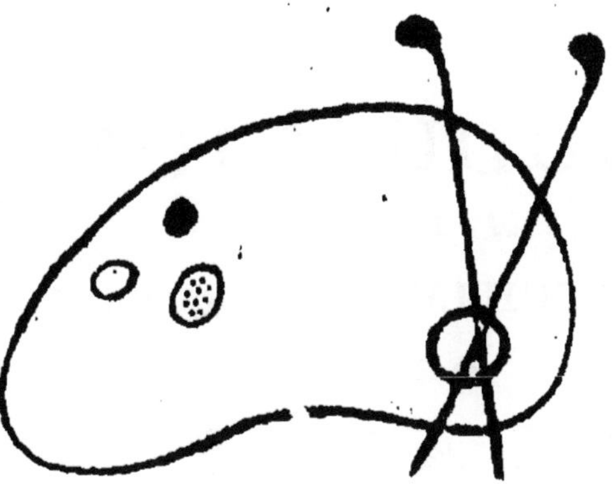

Fin d'une série de documents
en couleur

INTRODUCTION

A LA

SECONDE FEUILLE OCCIDENTALE

DE

LA CARTE DE LA FRANCE.

Par M. Cassini de Thury.

INTRODUCTION

A LA

SECONDE FEUILLE OCCIDENTALE DE LA CARTE DE LA FRANCE.

CETTE ſeconde Feuille comprend la même étendue de pays, que la premiere; elle eſt diviſée en deux parties égales par la Perpendiculaire à la Méridienne de l'Obſervatoire; les deux lignes paralleles à la Méridienne, qui la terminent, ſont éloignées, l'une de 20000 toiſes, (terme occidental de la premiere Feuille), & l'autre de 60000 toiſes de la Méridienne de l'Obſervatoire : tous les points qu'elle repréſente, ſont ſitués à l'Occident de la Méridienne, les uns au Nord, & les autres au Sud de la Perpendiculaire, juſqu'à la diſtance de 12500 toiſes : ainſi toutes les diſtances à la Méridienne que l'on trouvera dans la Table, ſont occidentales; les diſtances à la Perpendiculaire, ſont diſtinguées par les lettres *N* & *S* qui expriment la ſituation de chaque point par rapport à la Perpendiculaire de l'Obſervatoire.

PLUSIEURS perſonnes dont je reſpecte les avis, & qui s'intéreſſent aſſez au ſuccès de nos travaux pour nous faire part de leurs remarques sur tout ce qui peut y contribuer ; m'ayant demandé quelques éclaircissements, tant sur la nature des lignes perpendiculaires & paralleles à la Méridienne, que nous avons décrites par des suites de triangles dans toute l'étendue du Royaume, que sur l'ouvrage des deux Ingénieurs que j'ai annoncé dans l'Introduction à la premiere Feuille ; j'ai cru en publiant cette seconde, devoir satisfaire à ce que l'on exigeoit de nous, sans attendre à en rendre compte dans l'ouvrage particulier qui doit comprendre toutes les opérations géométriques qui ont servi de base à la Carte du Royaume.

Les méthodes que j'ai données dans le premier Avertissement pour calculer les distances réciproques des lieux, & pour trouver la direction de tous les chemins que l'on se proposera de tracer pour la facilité du commerce d'une ville à une autre, sont dans la supposition que l'on puisse décrire sur la terre des quarrés parfaits, ou, ce qui revient au même, qu'on puisse regarder comme tels sans erreur sensible : il est donc nécessaire pour éclairer le Public sur toutes les parties de notre ouvrage, d'évaluer les erreurs où cette supposition peut induire, & de donner les moyens de les réformer lorsqu'elles deviennent sensibles.

On peut décrire sur la terre, que je considére d'abord comme sphérique, tous les grands cercles de la sphere, parce qu'ils sont toujours vûs selon une ligne droite que l'on peut suivre par les opérations géométriques ; mais il n'en est pas de même de la description des paralleles : ceux-ci sont de petits cercles qui ne passent point par le centre de la terre, ils ne se projettent sur la terre qu'en ligne courbe, & en suivant une ligne droite on ne les traceroit pas. On trouve dans les Mémoires de l'Académie de 1733, plusieurs méthodes pour décrire directement un parallele à l'équateur : mais comme elles sont fondées sur les observations astronomiques qui supposent les plus grandes précautions, les instruments les plus grands & les plus parfaits, un ciel favorable qu'il faut souvent attendre long-temps ; il auroit fallu autant d'années pour décrire un seul parallele, celui de Paris depuis Strasbourg jusqu'à Brest, que nous en avons employés pour tracer les huit perpendiculaires qui comprennent toute l'étendue de la France.

Toutes ces considérations nous ont déterminés à suivre une méthode absolument indépendante des observations astronomiques, en décrivant, non le parallele de Paris, mais une tangente au point où le parallele coupe le Méridien : cette ligne qui concourt d'abord avec le parallele, s'en écarte ensuite d'une quantité qu'on peut trouver par le calcul, dès que l'on connoît la figure de la terre. Mr Clairaut, dans une sçavante Dissertation qu'il a donnée dans les Mémoires de l'Académie de l'année 1735, a fait voir que cette tangente au parallele, ou perpendiculaire à la Méridienne, étoit une ligne à double courbure, si la terre n'est pas sphérique.

La direction du Méridien une fois établie, donne celle de toutes les Perpendiculaires qui le coupent à angle droit; & il ne s'agit que de suivre la direction de ces lignes par des suites de triangles disposés à droite & à gauche, selon la position des objets qui les environnent.

Pour calculer la distance de tous les points à la Méridienne, & à la Perpendiculaire de l'Observatoire, il a fallu supposer pour la facilité du calcul, que les Perpendiculaires abaissées des points de triangle sur la Méridienne, & sur la Perpendiculaire à la Méridienne, formoient avec ces lignes des quarrés parfaits ; ce qui seroit vrai si la terre étoit plate ; mais à cause de sa courbure, supposée sphérique, tous les grands cercles concourent à un même point qui est le pole. Nous donnerons ici une méthode fort simple pour calculer la différence d'un quarré décrit sur une surface plate, à celui que l'on peut décrire sur une surface sphérique, ou, ce qui revient au même, pour reconnoître la différence qui doit se trouver entre la position d'un lieu déterminé par deux suites de triangles, dans des directions différentes; l'une dans la direction du Méridien, l'autre dans la direction de la Perpendiculaire, en formant, pour ainsi dire, les côtés d'un quarré: c'est ce que nous avons fait en décrivant des Perpendiculaires à différentes distances de celle de l'Observatoire; nous sommes parvenus par des routes différentes, & en supposant toujours le parallelisme de nos lignes, à des points communs à différentes suites de triangles. Or si la supposition eût été vraie, la somme des distances d'un point placé entre deux Perpendiculaires à ces deux lignes, auroit dû être égale à la distance de ces deux Perpendiculaires à leur origine; c'est ce qui ne se trouvoit point, lorsque les distances à la Méridienne de Paris excédoient plusieurs degrés, parce qu'en effet les Perpendiculaires se rapprochent d'une quantité, qui, sur l'étendue de la France, de Paris à Brest, monte à près de 400 toises. On verra par la méthode que je vas expliquer, que nous avons pû faire toutes nos suppositions (dans les petites distances à la Méridienne) sans trop nous écarter de la précision géométrique.

Je suppose que les triangles formés dans la direction de la Perpendiculaire *A C* (*fig.* 1.) nous ont donné la position exacte de cette ligne jusqu'au point *C* éloigné du point *A* de 45 minutes de degré d'un grand cercle ou de 42795 toises.

Etant parvenu au point *C*, on a continué sur la derniere base les triangles suivant une autre direction *C D* perpendiculaire à la premiere *A C*; ensorte que *C D* fût égale à *A C*. Enfin étant arrivé au point *D*, on a prolongé les triangles suivant une autre direction *D E* perpendiculaire à *C D* jusqu'au point *E*, de maniere que *D E* fût égal à *D C*.

Il est certain que si la terre étoit plate, le point *E* qui termine ces triangles, devroit se rencontrer sur le point *B* de la Méridienne de Paris *A I*, éloigné du point *A* de 45′ minutes, ce qui formeroit un quarré parfait; mais comme elle est à peu près sphérique, il doit y avoir quelque différence que l'on calculera en cette maniere.

Dans le triangle ſphérique ACD dont les côtés AC, & CD ont été ſuppoſés chacun de 45 minutes, on trouvera la valeur de l'hypothenuſe AD de 1° 3′ 38″ $\frac{1}{3}$, & des angles CAD, & ADC de 45° 0′ 8″ 50‴, les retranchant des angles droits CDE, CAM, on aura les angles ADE & DAM de 44° 59′ 51″ 10‴.

Dans le triangle ADI rectangle en I, l'hypothenuſe AD étant connue de 1° 3′ 38″ $\frac{1}{3}$, & l'angle DAM ou DAI de 44° 59′ 51″ 10‴, on trouvera le côté DI de 44′ 59″ 47‴, le côté AI de 45′ 0″ 14‴ 21⁗, & l'angle ADI de 45° 0′ 26″ 28‴, dont retranchant l'angle ADE de 44° 59′ 51″ 10‴, reſte l'angle EDN de 0′ 35″ 18‴ : & dans le triangle DNE rectangle en N, dont l'hypothenuſe $ED=AC$ eſt connue de 0° 45 minutes, & l'angle EDI de 0′ 35″ 18‴, on aura le côté DN de 42795 ᵗ, & le côté EN de 7 ᵗ 1 ᵖ 11 ᵖ, leſquels étant retranchés du côté AI 45′ 0″ 14‴ 21⁗, ou 42798 ᵗ 4 ᵖ 9 ᵖ, on aura le côté AM de 42791 ᵗ 2 ᵖ 10 ᵖ, plus petit de trois toiſes trois pieds deux pouces que le côté AB qui meſure la diſtance du point B à la Perpendiculaire déterminée par les triangles de la Méridienne.

Retranchant de DN 42795 ᵗ, le côté DI qui a été trouvé de 0° 44′ 59″ 47‴ ou 42791 ᵗ 3 ᵖ 5 ᵖ, on aura NI ou EM de 3 ᵗ 2 ᵖ 7 ᵖ; d'où il ſuit que la poſition du point B déterminée par les triangles de la Méridienne, doit être plus ſeptentrionale, & en même temps plus orientale d'environ trois toiſes & demie que celle du même point déterminé par les triangles de la Perpendiculaire; on trouvera auſſi que la direction de la Méridienne réſultante des triangles de la Perpendiculaire, & repreſentée par AE, décline de la vraie Méridienne AM d'une quantité de 17″.

Il paroît par le calcul précédent que l'on peut ſuppoſer, ſans erreur ſenſible, que le quarré formé par deux Méridiens & deux Perpendiculaires, dans une étendue de 40000 toiſes, eſt un quarré parfait ſur la terre ſuppoſée ſphérique, comme nous l'avons ſuppoſé juſqu'ici. Maintenant ſi l'on veut prendre la peine de faire le calcul dans la ſuppoſition de la terre applatie vers les poles, on trouvera que cette nouvelle ſuppoſition n'apporte aucune différence ſenſible au premier réſultat ; & il ſuffit, pour s'en convaincre, de conſidérer qu'à moins que l'excentricité d'une ellipſe ne ſoit extrêmement grande, il y a beaucoup moins de différence entre un arc ſphérique & un arc elliptique, qu'entre l'arc elliptique & la corde qui le ſous-tend. J'ai examiné cette queſtion dans toute ſon étendue; j'ai réſolu différents problêmes pour ſatisfaire à toutes les queſtions poſſibles, & pour connoître ce que l'on pouvoit négliger pour faciliter le calcul : mais un plus grand détail n'appartient qu'à l'ouvrage que j'ai annoncé, & qui ne tardera point à paroître.

Il nous reſte à faire voir que par le moyen des tables des diſtances à la Méridienne & à la Perpendiculaire qui accompagneront chaque Feuille, on trouvera facilement la longitude & la latitude de tous les lieux que la Carte repréſente.

EXEMPLE.

On demande la longitude & la latitude de Crécy. La diſtance de Crecy à la Méridienne eſt marquée dans la table de 39842 ^{t}, & à la Perpendiculaire de 9235 ^{t} S. Ayant réduit ces deux diſtances en degré d'un grand cercle on trouvera la premiere de 0° 41′ 53 $\frac{1}{2}$, & la ſeconde de 0° 9′ 42 $\frac{1}{2}$.

Dans le triangle *PAC* (*fig.* 2.) dont on connoît le côté *PA* de 41° 19′ 32 $\frac{1}{2}$, égal au complément de la hauteur du pole de l'Obſervatoire, 41° 9′ 50″, plus à la diſtance de Crécy à la Perpendiculaire de Paris, 0° 9′ 42 $\frac{1}{2}$; & le côté *AC* de 0° 41′ 53 $\frac{1}{2}$ on trouvera le côté *PC* complément de la latitude de Crécy par cette analogie, *S. T.* eſt au *S. C. AP*, comme le *S. C. AC*, eſt au *S. C. PC* 41° 19′ 45 $\frac{1}{2}$; donc la latitude de Crécy eſt de 48° 40′ 15″.

Pour

Pour trouver l'angle *APC* ou la longitude de Crécy, on fera cette analogie : *S.* 41° 19′ 45″ est à la *T.* 0° 41′ 53″ $\frac{1}{2}$, comme le *S.T.* est à la *T.* 1° 3′ 26″, longitude de Crécy.

Cette méthode est suffisamment exacte, lorsque la longitude n'excede pas un degré ; mais dans le cas où elle excederoit, alors il est évident que la distance du point *C* à la Méridienne (*fig.* 3.) calculée dans la supposition que les lignes *AB*, *CD* sont paralleles, & representée par la ligne droite *CD*, n'est point la vraie distance du point *C* à la Méridienne, mais que c'est la ligne *CE*, ou plutôt l'arc *CE*, qu'il faut connoître.

Supposons une distance *CD* de 164872 t égale à celle de Paris à S. Malo, dont la différence de latitude est de 12′ 20″ representée par *AE*, & la distance à la Perpendiculaire est de 5893 égale à *CB*.

Ayant réduit ces distances en degrés d'un grand cercle, le côté *AB* sera de 2° 53′ 22″, & le côté *BC* de 0° 6′ 12″. On trouvera le côté *AC* par cette analogie : *S.T.* est au *S.C. AB*, comme *S.C. BC* est au *S.C. AC* qu'on trouvera de 2° 53′ 29″ ou 164983. Pour trouver le côté *CB* ou *AD*, on fera cette analogie : *S. AC* est au *S.T.* comme le *S. BC*, est au sinus de l'angle *BAC*, 2° 2′ 56″ ; mais le *S.T.* est au *S. AC*, comme le sinus de l'angle *ACD* est au sinus de *AD* 6′ 12″ 30″, vraie distance du point *C* à la Perpendiculaire.

Retranchant *AD* de *AE* 12′ 20″, on aura *DE* de 6′ 7″ $\frac{1}{2}$, & dans le triangle rectangle *CDE* dont on connoît *CD*, & *DE*, on trouvera le côté *CE* de 2° 53′ 29″, qui ne differe pas sensiblement du côté *AC* ; ainsi la vraie distance du point *C* à la Méridienne sera de 164984 t, à laquelle il faut ajouter 32 toises pour la réduction du grand cercle au parallele ; connoissant les vraies distances du point *C* à la Méridienne & à la Perpendiculaire de l'Observatoire, on trouvera plus exactement sa longitude & sa latitude.

EXPLICATION DE LA PLANCHE
Qui repreſente l'Ouvrage des deux Ingénieurs, &c.

CETTE Planche comprend l'étendue de quatre quarrés de 60 mille toiſes, ou d'environ quinze de nos feuilles ; tous les points qu'elle repreſente, ſont des clochers, des moulins, des arbres, ou ſignaux que l'on a poſés dans les lieux les plus propres pour découvrir des objets éloignés : il arrivoit ſouvent que les plus beaux points de vûe manquoient d'objets apparents, que la cime des montagnes ſe trouvoit couverte de bois, que la poſition des clochers ſitués dans les vallées, & entourés d'arbres plus élevés que la fleche, ne permettoit pas de découvrir aucun objet ; alors il falloit avoir recours aux moyens employés dans pareils cas, & qui étoient connus des deux Ingénieurs qui avoient travaillé avec nous à la deſcription des Perpendiculaires.

LA difficulté de porter & de placer de grands inſtruments dans tous les lieux de la France, où il falloit ſe tranſporter, nous avoit engagés à faire conſtruire de petits inſtruments legers & portatifs, dont les Ingénieurs chargés du détail devoient faire uſage pour déterminer tous les objets compris dans l'intervalle qui ſépare les triangles de nos Perpendiculaires ; mais nous ne pouvions ignorer qu'il ſeroit difficile, pour ne pas dire impoſſible, d'obtenir avec de pareils inſtruments une préciſion qui allât juſqu'à l'eſtime des ſecondes ; & dans un intervalle de 60000 ᵗ, égal à la diſtance des Perpendiculaires, il étoit poſſible que la ſomme des erreurs commiſes dans la valeur des angles des triangles qui auroient ſervi à lier les deux baſes extrêmes des Perpendiculaires, produisît un effet aſſez ſenſible pour troubler l'accord qui devoit regner dans toutes les parties de l'ouvrage ; & dans la jonction de tous les points, l'on auroit manqué de moyens pour reconnoître où étoit l'erreur, dès que les inſtruments n'étoient pas ſuſceptibles d'une plus grande préciſion. Il étoit donc important d'établir, avec la plus grande préciſion, la position de tous les points visibles les uns des autres ; & où l'on pouvoit observer avec de grands instruments ; & il ne s'agissoit plus que de remplir un espace dont toutes les extrêmités étoient fixées d'une maniere invariable. On voit par la figure, que la surface de tous les quarrés est remplie par des lignes qui forment des triangles sans interruption, dont les côtés sont liés à tous les points de la Méridienne & des Perpendiculaires. Nous ne croyons pas qu'il fût possible de porter la précision plus loin, à moins que de faire pour chaque opération particuliere, ce que l'on avoit fait pour les grands triangles, ce qu'il n'étoit pas possible d'exécuter en un grand nombre de lieux où les grands instruments ne peuvent être placés. D'ailleurs ce seroit un temps perdu que celui que l'on employeroit à porter la précision au-delà de certaines bornes, dans les cas où les erreurs ne se multiplient pas. Une erreur de quelques toises dans la position d'une ferme ou d'un hameau qui n'a souvent aucun point apparent, ne tire pas à conséquence dans les détails de l'intérieur des petits triangles, quand les points principaux de la chaîne des grands triangles qui renferment les petits, sont déterminés avec la plus grande précision.

Je donnerai dans l'Ouvrage dont j'ai déja parlé plusieurs fois, tous les triangles des points fondamentaux des Cartes particulieres.

TABLE ALPHABETIQUE

De la distance des Paroisses & principales Abbayes à la Méridienne & à la Perpendiculaire de l'Observatoire.

Noms des Paroisses, &c.	*Mérid.*	*Perpen.*	
Abondant	33759	2631	S
Accon	46731	3612	S
Adainville	25808	6348	S
Ajour	58322	8614	N
Alaincourt	49197	5559	S
Alainville	39052	6324	S
Anet	33813	1193	N
Angerville-la-Champagne	44080	8896	N
Argeville	22352	3141	N
Armentiere	57792	8145	S
Arniere	46375	9860	N
Arnouville	22753	4320	N
Aulnay	38992	9130	S
Aunai	47954	9521	N
Aurilly	44698	5615	N
Autenai	48425	1806	N
Autouillet	20041	699	N
Bailleuil	42933	3337	N
Bamecourt	28983	11766	N
Barquet	55441	12500	N
Baslines	51280	4897	S
Batigni	39145	4738	N
Bazainville	25162	1747	S
Beaubray	53605	4785	N
Beauche	51775	8202	S
Behours	22895	95	S
Bemecourt	55047	1004	N
Berangevue	47143	9888	N
Bercheres	29955	431	N

Noms des Paroisses, &c.	*Mérid.*	*Perpen.*	13
Beron	48629	4780	S
Berou	43518	7562	N
Berville	53894	11364	N
Beu.	31629	2203	S
Blanday	49466	835	N
Blaru	32212	12258	N
Bleuy	43676	10949	S
Boinvillé	21795	5422	N
Boinvillers.	25445	4770	N
Bois-le-Roy	37333	1910	N
Boissette	37860	7751	N
Boissy-le-Sec	45953	605	N
Boissy-le-Mauvoisin	28453	7390	N
Boissy	40570	5877	S
Boissy	54690	8117	S
Boissy-sans-avoir	20389	813	S
Boncourt	38637	11118	N
Boncourt	32910	807	N
Bonniere	28359	11627	N
Bonvillé	54735	10680	S
Boscroger	35527	8295	N
Boucay	35979	4437	N
Bougy	56759	10213	N
Boullé-deux-Eglises	38187	11673	S
Boullé-Mivois	35215	10568	S
Boullé-Thierry	34199	11185	S
Bourdonne.	25408	4497	S
Bourth	57685	3196	S
Boutigni	28274	5060	S
Boyon	49940	6540	N
Branville	47649	11857	N
Brechamps	30821	9226	S
Bretaignole.	36915	6860	N
Breteuil	53474	495	N
Breval	30178	6426	N
Breuil	23313	6275	N
Breuil-le-Pont.	34205	7386	N
Breux	47312	4067	S
Brezolles	47808	7868	S
Brignacourt	40387	8499	N

Noms des Paroisses, &c.	Mérid.	Perpen.	
Broue	30696	4882	S
Buchelai	25011	8271	N
Bué	33646	5602	N
Burey	52035	8895	N
Caillouette	38604	10934	N
Caugé	48870	11157	N
Ceaux	26536	897	S
Ceres-la-Boissiere	36562	5780	N
Chaigne	33730	10432	N
Chaise-Dieu	59474	3437	S
Chaise-Dieu, *Abbaye*	59383	3445	S
Chambine-la-Magdeleine	34714	9095	N
Champagne	28963	4092	S
Champigni	39170	1787	N
Champignol	59232	7327	N
Chanteloup	49701	3022	N
Chapelle-Forainvilliers	31513	5955	S
Chapelle-Fortin	55679	10428	S
Charnelle	52855	3225	S
Chatelier-saint-Pierre	59250	10041	N
Chatel-la-Lune	58166	10384	N
Chatincourt	41928	7795	S
Chatsnud	32869	6710	N
Chaudon	31714	9608	S
Chaufour	32026	10436	N
Chavigni	42671	2607	N
Chenebrun	58707	8342	S
Cherisy	34669	4899	S
Cherpon	33805	7423	S
Chignolle	33201	10175	N
Cierray	40175	9735	N
Cintray	54466	1814	S
Cissay	43405	6523	N
Claville	49390	12500	N
Colandre	55466	9775	N
Colombs, *Abbaye*	30044	10417	S
Conches	52425	7669	N
Conches, *Abbaye*	52332	7874	N
Condé	25477	5241	S
Condé-sur-Ilon	51974	305	N

Noms des Paroisses, &c.	*Mérid.*	*Perpen.*	
Coudres	40996	1906	N
Corneuil	45089	2942	N
Coulonge	47160	2990	N
Courcent	25491	3387	N
Courteil	50070	5687	S
Courtemanche	39912	1112	S
Cracouville	42240	9197	N
Cræavant	31798	8996	N
Crécy	39842	9235	S
Creton	45015	1331	N
Crocq	36112	646	N
Croisille	31583	8075	S
Croisy	37051	11256	N
Crussay	47627	9349	S
Damartin	27019	3939	N
Damemarie	50543	1323	S
Dammarie	27545	4065	S
Dampierre-sur-Haure	44806	3820	S
Dampierre	45843	11558	S
Damville	47556	2391	N
Douant	34077	11860	N
DREUX, *Tour*	36757	5363	S
Drouesy	45038	1302	S
Eclusselles	34189	7120	S
Ecorpain	42680	6477	S
Egleville	34458	9816	N
Elanvilliers	46221	1002	S
Espieds	35424	5875	N
Eurcheville	31856	7430	N
EVREUX	44506	11048	N
Ezy	34325	1765	N
Fains	35624	9347	N
Faverieux	26138	6236	N
Faverolle	52919	10359	N
Faverolles	28527	8411	S
Fauville	42889	11473	N
Feilleuse	45303	12352	S
Ferriere *H. C.*	50882	10981	N
Fessanvilliers	48658	6719	S
Fidelaire	57203	7027	N

Noms des Paroiſſes, &c.	*Mérid.*	*Perpen.*	
Flacourt	25893	5372	N
Flexanville.	22581	1054	N
Flins	28540	3254	N
Folainville	23412	10679	N
Fontaine-la-Ribaude	40900	10134	S
Fontenai-ſaint-Pere	21957	10980	N
Fontenai-Mauvoiſin	25685	7469	N
Foucrainville.	38142	5610	N
Francheville	56056	2231	S
Frenai.	38871	6733	N
Frene	51245	7004	N
Gadancourt	35124	8219	N
Gadelliere.	51009	7127	S
Galluys	20377	2244	S
Gambezeuil	22704	4478	S
Garanciere	21853	625	S
Garanciere.	40263	7060	N
Garentieres	39767	7347	S
Garenne	33754	4402	N
Garnanville	56300	3578	N
Garnay	37564	7254	S
Gaſſicourt.	24063	9548	N
Gaudreville	49648	8125	N
Gautiel	41092	11461	N
Gauv[illegible]e	54279	4000	S
Gazeran	21300	11462	S
Germainville.	32237	5202	S
Gilles.	30920	4470	N
Gironville.	36147	12068	S
Goupilliere	21692	2455	N
Gournai	58937	6805	S
Gouſſainville	29501	3314	S
Gouſſonville	21495	4888	N
Gouville	50573	1241	N
Grandchamp, *Abbaye*.	26983	6516	S
Grandmont, *Abbaye*	57744	10614	N
Grandvilliers	48090	845	S
Grateuil	39773	352	N
Gravigni	43929	12356	N
Greſſai.	27438	173	S

Grianeuſeville

Noms des Paroisses, &c.	*Mérid.*	*Perpen.*	
Grianeuseville	50350	8516	N
Grisolles	49460	8769	N
Grosbois	51723	3830	S
Grosrouvre	21676	3024	S
Grossoeuvres	42772	5997	N
Guainville	31780	4702	N
Guernes	26287	10022	N
Guerville	22618	6252	N
Guichanville	43195	8388	N
Guitrancourt	20940	9900	N
Hardancourt	38337	11950	N
Havelu	30301	2635	S
Hecourt	34408	8315	N
Hermeray	24994	11279	S
Hoisselle-le-noble	50368	9987	N
HOUDAN	27731	2547	S
Huez	42466	11830	N
Jeufosse	29726	11546	N
Jeune-Lire	59721	4682	N
Illers-l'Evêque	40465	696	S
Jouy	38699	12297	N
Jouy	25818	8031	N
Issou	20373	8981	N
Jumeauville	20579	4351	N
Jumel	42428	4735	N
Jury	33070	2836	N
La Behardiere	58080	9466	S
La Boissiere	26159	8627	S
La Bonneville	48702	9013	N
La Bossiere	36381	6386	N
La Chaussée	32283	2840	N
La Couture	35060	3630	N
La Croisie	51027	8328	N
La Diane, *Chapelle*	33855	1444	N
La Ferriere	58285	8591	N
La Ferté-Vidame, *Château*	54382	12500	S
La Futelaye	38560	3110	N
La Gueroude	54570	896	S
La Hauteville	27142	7419	S
La Houssay	57591	9501	N

Noms des Paroisses, &c.	Mérid.	Perpen.	
La Juillerie.	26800	7920	N
La Magdeleine	42809	3281	S
La Manceliere.	51314	10075	S
Lamblore.	53681	11610	S
La Mulotiere	47706	4645	S
La Neuville-des-Veaux	36600	7878	N
La Noé, *Abbaye*	48393	9638	N
Laong.	43838	7185	S
La Putenai.	55932	11277	N
La Queue.	21435	1770	S
La Saucelle	49470	11424	S
La Sogne.	44683	4655	N
La Trinité.	41389	8934	N
La Vacherie	56431	11845	N
La Villeneuve-en-Chevry.	30328	10330	N
Laurey.	34657	6712	N
Le Breuil, *Abbaye*.	36905	1540	S
Le Champ-Dolent.	49824	7504	N
Le Champ-Dominel	45782	5152	N
Le Chêne.	52225	3600	N
Le Cormier	38846	8254	N
Le Coudray	42879	10043	N
Le Labite.	36342	2208	N
Le Menil-Hardray.	50651	6108	N
Le Menilles	36249	11445	N
Le Menil-Renard	28776	10926	N
Le Noyer.	58750	10236	N
Le Nuisement.	49427	4477	N
Le Nuisement, *Chapelle*	42783	12312	N
Le Parc	41275	5462	N
Le Plessis-Hebert.	37054	8926	N
Le Plessy-Graham.	45110	6446	N
Le Roncelet.	48657	2567	N
Le Sac.	47668	3199	N
Le Tartre.	27935	7780	S
Le Teil	59069	3428	S
Le Tilleul.	54306	10047	N
Le Val-David.	40750	8858	N
Le Vaville.	39667	12005	S
Les Authieux	41344	3923	N

Noms des Paroisses, &c.	*Mérid.*	*Perpen.*	19
Les Autieux	55165	11720	N
Les Barils	57290	5426	S
Les Beaux-de-Breteuil	57464	3032	N
Les Beaux-de-sainte-Croix	46538	7872	N
Les Boissets	28482	1632	N
Les Chatelets	50151	10231	S
Les Essarts.	50869	3567	N
Les Minieres	47198	1585	N
Les Pintieres	29051	7543	S
Lestrée, *Abbaye*	38333	3903	N
Les Ventes.	47010	6841	N
Lhosme	49206	2314	S
Lieru, *Abbaye*.	55873	5641	N
Lignerolles.	40521	1163	N
Limay	22707	9104	N
Lognes.	28187	5024	N
Lommois	30854	9153	N
Longuelune	50370	3669	S
Lormay	30121	10661	S
Louversé	53092	9293	N
Louville	39723	5652	S
Louville	47552	11845	S
Louye	38460	1952	S
Luray	34861	6516	S
Magnanville	24653	7586	N
Maillebois, *Château*	44865	11360	S
Mainterne	44691	8933	S
Mandres	55458	4219	S
Manselle	58328	9256	N
Mante-Celestins	22585	9422	N
Mantelan	48552	4675	N
Mante-la-Ville.	23318	7878	N
Mantes T. S.	23130	8895	N
Marchesais.	31217	3452	S
Marcilli-Champagne	42761	151	N
Marcilli	37234	674	S
Martinville.	39242	9096	N
Marville	35742	8939	S
Mattanvillers	49756	7679	S
Maulette	27040	2385	S

Noms des Paroisses, &c.	Mérid.	Perpen.	
Menil-Simon	30067	3519	N
Menil-Vicomte	52889	8647	N
Merey	34912	7598	N
Mesieres	20321	7122	N
Mesieres	28389	6681	S
Mesnil-sur-Etrée	39391	3507	S
Mezieres	34594	6284	S
Milmont	22546	1589	S
Miseray	40025	10766	N
Mittainville	26123	9410	S
Moisville	44174	784	N
Molleville	43776	10183	N
Monceaux-les-Boues	25798	11941	N
Mondreville	29479	3956	N
Montchavet	26533	3305	N
MONTFORT, *Tour*	20033	3370	S
Montigni	49637	5676	S
Montreuil	36113	3284	S
Morainville	45812	97	N
Morvillers	53000	10497	S
Mouceaux	37307	4411	N
Mouceaux	47519	2524	N
Mouette	36726	3683	N
Moussel	36062	475	N
Moussonvillers	58348	10832	S
Mulsant	25723	2686	N
Muzy	37315	3396	S
Nagel	52000	5551	N
Nantilli	32392	3585	N
Navarre-saint-Germain	45685	10512	N
Neauflette	30518	5600	N
Neuilly	34423	5636	N
Neuville	48536	12498	N
Neuville	42170	9040	S
Neuville	38508	4263	N
Neuvillette	36580	4637	N
NOGENT-le-Roy	30425	10667	S
Nogent-le-Sec	50177	5319	N
NONANCOURT	42949	3424	S
Notre-Dame-de-Morsan	47925	10887	N

Noms des Paroisses, &c.	*Mérid.*	*Perpen.*	
Notre-Dame-de-Reseux	24623	12001	S
Notre-Dame-des-Puits	44743	2530	S
Orgeru.	23896	307	S
Orgeville	38401	9370	N
Ormoy.	32675	12204	S
Orveaux	49019	6302	N
Orvilliers	26092	1452	N
Osmois.	23368	1893	N
Osmoy.	40019	1836	N
Ouerre.	32893	7511	S
Oulain.	32587	1774	N
Pacel	35786	10266	N
Pacy	35947	10363	N
Panlate.	46682	1945	S
Parvillé	46630	11601	N
Perey	42124	7585	N
Petiteville.	58929	5719	S
Piseux.	36346	11218	S
Piseux.	51450	3165	S
Poigni.	22037	8979	S
Poislé.	52344	4995	S
Porcheleuville.	20946	7772	N
Porte	51913	11438	N
Prouest.	30133	6891	S
Prudemanche.	45380	6492	S
Prunay.	25017	1571	N
Pulay.	55109	5471	S
Quessigni.	40120	5629	N
Quincarnon	55903	9507	N
Reveillon.	56641	11789	S
Revercourt.	47286	6224	S
Rohaire	56175	8965	S
Roman.	48637	991	N
Romilli.	55926	10024	N
Rosni.	26529	9406	N
Rouilleboise	27299	10542	N
Rouvres	31978	425	N
Rueil	51493	6256	S
Sailly.	20098	11759	N
Saulniere.	40284	9762	S

Noms des Paroisses, &c.	*Mérid.*	*Perpen.*	
Sauffey.	34793	1431	N
Sebecourt.	56286	8283	N
Senantes	28907	9813	S
Senneville	22098	6245	N
Septeuil	24657	3343	N
Serville.	32101	3705	S
Sivry	26985	2182	N
Soindre	24843	7013	N
Sorel	36642	52	S
S. Agnan	25403	3258	S
S. André-la-Magdeleine	39898	4150	N
S. Ange	42326	10307	S
S. Aquilin	36820	10221	N
S. Aubin	41968	9967	N
S. Aubin-fur-Rille.	59166	8246	N
S. Blaife, *Abbaye*	28450	6246	N
S. Cheron	33183	7740	N
S. Chriftophe	57461	7255	S
S. Corentin, *Abbaye*	24706	3911	N
S. Denis-du-Behelem	51909	1937	N
S. Denis-du-Tertre	27444	5945	N
S. Elier.	51423	8559	N
S. Etienne	52427	7486	N
S. Georges.	36571	2456	S
S. Georges-des-Champs	39982	3444	N
S. Germain-de-Frenai.	39331	7242	N
S. Germain-les-Eaux	44082	11516	S
S. Germain-fur-Haure.	40550	3776	S
S. Hilarion.	23007	12473	S
S. Hillier-la-Ville	30035	8100	N
S. Hillier-le-Bois	31314	7232	N
S. Jeamme.	34847	5414	S
S. Jean.	36340	5270	S
S. Jean.	27993	2480	S
S. Jean.	53020	5595	S
S. Jean-de-Morfan	47770	10410	N
S. Laurent-de-la-Gatine	30042	7477	S
S. Laurent-des-Bois	38391	702	N
S. Leger	21743	6330	S
S. Lubin	42864	3609	S

Noms des Paroisses, &c.	*Mérid.*	*Perpen.*	
S. Lubin-de-Crevant	47162	6810	S
S. Lubin-de-la-Haye	28876	812	N
S. Luc.	41842	8070	N
S. Lucien	27043	10594	S
S. Mamer	44328	2368	N
S. Martin-de-la-Garenne	24290	11758	N
S. Martin-de-Lizeau	44415	12315	S
S. Martin-des-Champs.	23306	2685	N
S. Martin-des-Champs, *Chapelle* . .	35439	4042	S
S. Maurice.	59760	10180	S
S. Menil	53050	5168	N
S. Moulin	50900	664	N
S. Nicolas	52690	1224	S
S. Ouen	52078	1373	S
S. Ouen	30521	735	N
S. Projet, *Abbaye*.	27919	4938	S
S. Remy	41307	3943	S
S. Sebastien	46936	10347	N
S. Siphorien	34849	6009	S
S. Sulpice-de-la-Haye	29456	575	S
S. Victeur	55971	7145	S
S. Vincent, *Abbaye*	42626	12450	S
Sainte-Marguerite.	55772	4153	N
Sainte-Marthe.	54677	7894	N
Tacognée.	24990	102	N
Thionville.	27696	3337	S
Thoiry.	20010	1613	S
Thomer	43885	4599	N
Tilly	28642	2733	N
Treons.	38505	8937	S
Vacheresses	30406	11864	S
Vaux	37395	11980	N
Ver	24252	6085	N
VERNEUIL.	53117	5126	S
Vernouillet	36986	6415	S
Vert	39435	3993	S
Vieil-Eureux	41412	9884	N
Vieille-Lire, *Abbaye*	59690	5279	N
Vieux-Conches	53572	7525	N
Villalet	48073	5609	N

Noms des Paroisses, &c.	Mérid.	Perpen.	
Villée	46869	5171	N
Villegats	32866	9542	N
Ville-l'Evêque.	29424	931	N
Villemeur-saint-Maurice	33070	9029	S
Villete.	24251	5337	N
Villiers.	29195	12240	S
Villiers.	31944	6516	N
Villiers-le-Moyeux	21243	1402	N
Vitrai	45804	8005	S

FIN.

A PARIS,
De l'Imprimerie de H. L. Guerin & L. F. Delatour, rue S. Jacques, à S. Thomas d'Aquin. 1754.

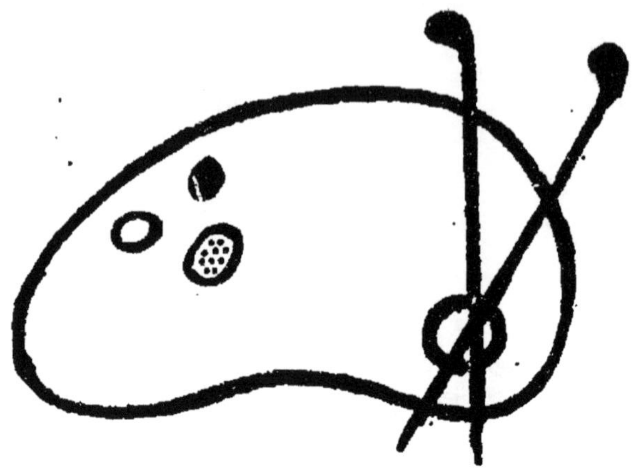

www.ingramcontent.com/pod-product-compliance
Ingram Content Group UK Ltd.
Pitfield, Milton Keynes, MK11 3LW, UK
UKHW020407250726
13967UKWH00006B/2522

9 782011 924353